Les Petites Pommes du Savoir

Gérald Fain

De la parole au chant, qu'est-ce que la VOIX ?

Les Petites Pommes du Savoir

Éditions
Le Pommier

À Dora et Sacha… pour que ma voix porte.

Merci à Pierre Elbaz

conception graphique :
Atelier Daniel Leprince
relecture : Valérie Gautheron

Le Pommier, 2007

ISSN : 1625-1245
ISBN 13 chiffres : 978-2-7465-0344-1
239, rue Saint-Jacques, 75005 Paris
www.editions-lepommier.fr

Collection développée avec le concours du ministère de la Culture et de la Communication (Centre national du livre et Cité des sciences et de l'industrie), dans le cadre du Fonds Jules-Verne.

La voix permet de parler, de crier et de chanter.

On peut dire tellement de choses sur elle : atout ou handicap, arme de conviction, d'insinuation, de séduction... Reflet direct de notre état physique et psychologique, baromètre de nos émotions, la voix ne triche pas et est un trait dominant de notre personnalité. Naturelle ou travaillée, elle sert à nous identifier, à nous faire reconnaître parmi les autres et par les autres – c'est dire son importance dans la communication.

Résultat de la vibration des cordes vocales, la voix est un instrument à vent sophistiqué, complet et complexe. Complet car il implique plusieurs mécanismes. D'abord l'oreille, car pour parler il faut entendre ; ensuite notre cerveau, pour décoder et coordonner ; enfin les poumons, les cordes vocales et les résonateurs, qui vont générer les sons. Complexe parce que les différentes parties du corps travaillent ensemble et parfois de manière contradictoire, avec la mémoire comme baromètre.

Cette Petite Pomme va décortiquer cet organe fascinant, miroir de notre corps et messager de nos émotions, et, du cri du nouveau-né au chant de la diva, nous en expliquer les mystères.

Quand est née la voix ?

À partir de quel moment la communication a-t-elle cessé d'être exclusivement gestuelle et visuelle pour devenir audio-phonatoire ? Quand l'homme a-t-il été capable de passer du grognement aux vocalises et enfin à l'articulation des mots ?

Homo erectus a succédé à *Homo habilis* il y a deux millions d'années. Il s'est mis debout pour sa sécurité (il lui était ainsi plus facile de surveiller ses nombreux prédateurs). Cette verticalité, qui donne la position de la tête par rapport au corps, est l'un des facteurs nécessaires à la voix. *Homo sapiens*, il y a 100 000 à 30 000 ans, était pour certains phonéticiens capable de produire des sons équivalents aux voyelles. Mais c'est l'homme de Cro-Magnon, il y a 45 000 à 10 000 ans, notre véritable ancêtre vocal.

La voix évolue à chaque étape de notre vie. Cette évolution dépend à la fois de la croissance des cordes vocales, de notre environnement et de l'apprentissage du langage.

À la naissance, les cordes vocales mesurent 5 mm de long. C`est par le cri, réflexe vital, que tout commence : le nouveau-né annonce son arrivée. Très aigu, très intense, particulièrement difficile à supporter pour autrui, il constitue l'un des premiers mécanismes de survie et permet, comme les pleurs, la communication, en véhiculant les messages de faim, de froid, de peur d'être seul… À trois mois, le nourrisson vocalise et éclate de rire. À six mois, le bébé articule. À un an, ce sont les premiers « papa », « maman » et quelques mots familiers. À un an et demi, l'enfant comprend de nombreux mots désignant les animaux, les objets courants, les parties du corps, et des questions simples. Dans sa deuxième année, il possède deux cents à trois cents mots. À trois ans, ce nombre passe à plus de mille. L'enfant affirme son identité et questionne :

« Qu'est-ce que c'est ? » « Comment ça s'appelle ? » L'évolution du langage dans le temps est bien évidemment fonction de l'audition, qui est à la base de son acquisition : pas de voix sans oreille. Très aiguë au départ, la voix s'aggrave progressivement en même temps que le larynx s'abaisse. Les cordes vocales vont progressivement atteindre 8 mm à six ans, donnant une voix aiguë aux deux sexes. La puberté, sous l'effet des hormones sexuelles, entraîne la mue : les cordes vocales s'allongent, pour atteindre 15 à 25 mm. Elles sont plus courtes chez la femme, lui donnant une voix plus aiguë, plus longues chez l'homme, lui donnant une voix plus grave – comme les cordes d'une harpe.

Pour commencer, un peu d'anatomie

Des poumons au bout des lèvres

Le larynx, organe de la phonation

Contrairement à l'opinion commune, nous ne possédons que deux cordes vocales (la droite et la gauche) et elles sont horizontales ! Ces cordes sont situées dans le larynx.

Organe de la phonation, le larynx est localisé à la partie antérieure et médiane du cou. Il mesure environ 4 cm et se situe en dessous du pharynx, au-dessus de la trachée et de l'œsophage et en avant des quatrième, cinquième et sixième vertèbres cervicales.

Creux, le larynx est composé d'une armature solide faite de trois cartilages. De bas en haut, nous trouvons d'abord le cartilage cricoïde qui fait suite au premier anneau de la trachée et ressemble à une bague avec son chaton en arrière, puis le cartilage thyroïde, de la forme d'un livre ouvert en arrière ou d'une étrave de bateau et qui correspond à la pomme d'Adam (plus proéminente chez l'homme que chez la femme), enfin l'épiglotte, qui coiffe le larynx et se rabat en arrière lors de la déglutition.

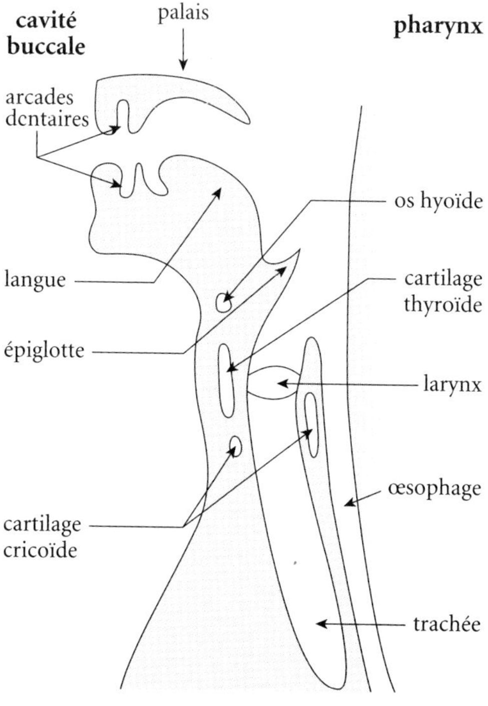

À l'intérieur se trouvent des structures mobiles, toutes basées sur la possibilité de mouvements d'ouverture (ou abduction) et de fermeture (ou adduction) des cordes vocales. Petits cartilages mobiles en forme de berlingots, les aryténoïdes s'articulent en glissant sur le chaton cricoïdien. Les mouvements proprement dits sont produits par les muscles intrinsèques laryngés qui relient entre eux les différents cartilages. Le crico-thyroïdien tend les cordes vocales comme on tendrait la corde d'un arc ; le crico-aryténoïdien postérieur les écarte ; le crico-aryténoïdien latéral et l'inter-aryténoïdien les rapprochent, tout comme le thyro-aryténoïdien, également appelé « muscle vocal » (car il confère sa forme à la corde vocale).

L'intérieur du larynx est un conduit vertical tapissé par une muqueuse et divisé en trois étages : le vestibule, ou étage sus-glottique, est un entonnoir entre l'épiglotte et les cordes ; la glotte est l'étage moyen, correspondant à l'espace entre les cordes vocales ; l'étage sous-

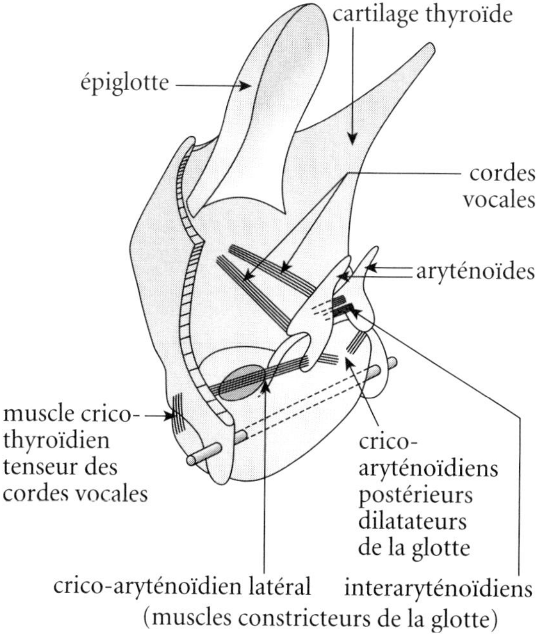

glottique s'élargit et se termine par la trachée (schéma page suivante).

Chaque étage est séparé de l'autre par un repli membraneux. Le premier repli est constitué par les bandes ventriculaires, ou fausses cordes vocales, le second, en dessous, par les cordes vocales. Celles-ci, de couleur blanc nacré, peu vascularisées et sans adhérence avec

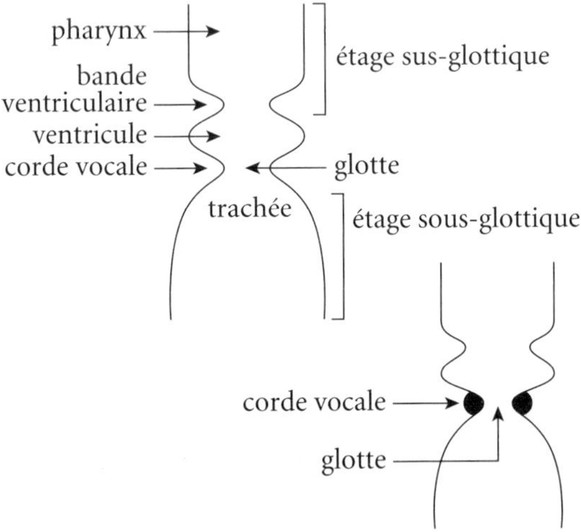

Les trois étages à l'intérieur du larynx

les muscles autour d'elles, sont constituées, de la profondeur à la superficie, par le muscle vocal, recouvert du ligament vocal, lui-même tapissé par une muqueuse (dessin ci-contre, en haut). Situées à 8 mm du bord inférieur du cartilage thyroïde, les deux cordes vocales s'insèrent, horizontalement, en avant dans l'angle rentrant du cartilage thyroïde et sur l'aryténoïde en arrière, comme un V ouvert

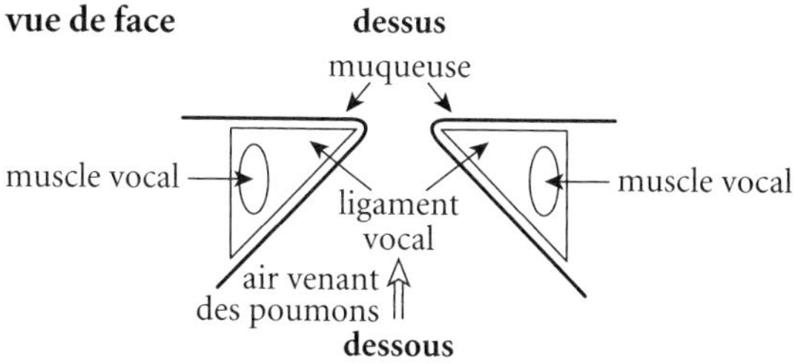

en arrière. Elles se comportent comme des muscles, s'ouvrant, se fermant (ci-dessous) et vibrant.

Organe mobile, le larynx est relié aux structures anatomiques environnantes par des muscles extrinsèques qui permettent des mouvements verticaux. Ces muscles suspenseurs,

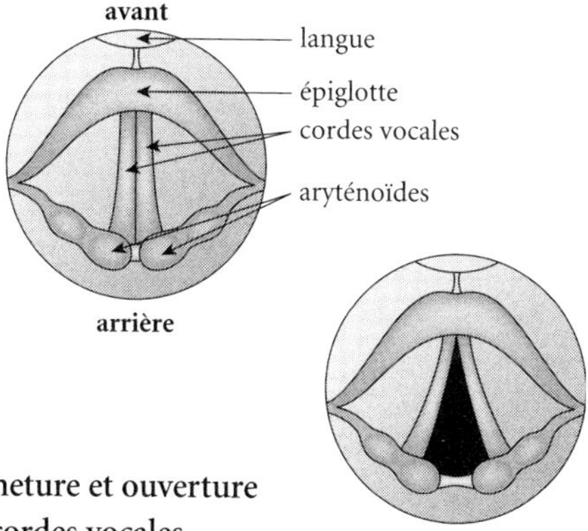

Fermeture et ouverture des cordes vocales

qui autorisent à la fois des mouvements de haut en bas et d'avant en arrière, sont particulièrement importants pour le chant car ils permettent de maintenir une position optimale.

Outre sa fonction phonatoire (avec mise en vibration des cordes vocales), le larynx a trois autres fonctions : une fonction respiratoire (avec ouverture des cordes vocales), une fonction musculaire dans la toux (avec fermeture des cordes couplée à celle des bandes ventriculaires) et une fonction lors de la déglutition (avec fermeture hermétique des cordes et des bandes, remontée du larynx et abaissement de l'épiglotte pour éviter les fausses routes).

Les poumons

L'énergie indispensable pour produire un son se fait grâce aux deux poumons. Ceux-ci comportent deux cents millions d'alvéoles pulmonaires pour une surface de 100 m^2 : l'équivalent d'un court de tennis ! Ils inhalent en moyenne trois cents millions de litres d'air au cours d'une vie. Nous avons besoin d'environ 5 litres d'air par minute pendant le sommeil et douze fois plus pour une marche rapide. L'inspiration, phénomène actif, se fait par l'augmentation du volume de la cage thoracique grâce aux muscles inspirateurs, dont le principal est le diaphragme. L'expiration, phénomène passif, survient lorsque les muscles se relâchent. Les muscles expirateurs (abdominaux, intercostaux internes, grand dentelé...) sont surtout mis en jeu lors d'une expiration forcée. Pas moins de 196 muscles interviennent dans la production de la voix, de la parole et du chant !

Les résonateurs

Les cordes vocales vont transformer l'énergie mécanique fournie par les poumons en énergie acoustique, laquelle sera amplifiée et bonifiée par les résonateurs : le larynx, le pharynx, la bouche, le nez, la mâchoire, les lèvres, la langue et le voile du palais vont donner à la voix son timbre et permettre l'articulation de la parole.

Le système nerveux central et l'audition

La voix, la parole et le langage sont sous le contrôle du système nerveux central, et notamment de l'audition. Pour faire simple, notre hémisphère gauche décortique et analyse tandis que le droit a une perception globale des choses. Les centres du langage sont situés dans l'hémisphère gauche. Celui-ci traduit nos perceptions en données sémantiques et phonétiques autrement dit, en mots (les paroles des chansons), en concepts, en langage. L'hémisphère droit permet quant à lui la perception et la compréhension de la musique et de la mélodie. Les états émotionnels ont des effets stimulants ou inhibants sur la voix, nous y reviendrons quand nous parlerons du trac.

Nous l'avons déjà dit : pas de voix sans oreille. Il suffit d'ailleurs d'observer les perturbations phonatoires en cas de surdité pour se persuader de l'importance de l'audition. Car notre voix est contrôlée en permanence par notre oreille : la boucle audio-phonatoire ajuste l'intensité et la hauteur de la voix.

L'**intensité**, exprimée en décibels (dB), définit les sons forts ou faibles. La **hauteur**, équivalent de la **fréquence**, définit les sons graves et aigus et est exprimée en hertz (Hz). La fréquence d'un son grave est inférieure à 250 Hz, celle d'un son aigu supérieure à 1 000 Hz. Si l'intensité vocale moyenne de la conversation est de 60 décibels, un chanteur poussant un contre-ut peut aller jusqu'à 120 décibels. L'oreille est capable d'entendre des sons entre 20 et 20 000 Hz et entre 0 et 120 dB.

Les paramètres acoustiques

Chaque voix est unique, varie en permanence et peut être définie par ses paramètres acoustiques.

En premier lieu, la fréquence, dont nous venons de parler. La **fréquence fondamentale**, ou **fondamental**, correspond au nombre de vibrations par seconde des cordes. Elle nous permet d'évaluer la hauteur du son, à la manière d'une note de musique que l'on situerait par rapport à la gamme. Elle se situe autour de 100 Hz chez l'homme (entre *sol* 1 et *ré* 2), de 200 Hz chez la femme (entre *sol* 2 et *ré* 3), enfin entre 200 et 300 Hz chez l'enfant (entre *si* 2 et *mi* 3) (voir le schéma page 48).

La fréquence du son laryngé varie en permanence pendant la parole, constituant la **mélodie** ou l'**intonation**. Dans les langues européennes, la mélodie précise le sens de la phrase. En français, il suffit de modifier l'intonation pour transformer une interrogation en affirmation. Dans les « langues à tons » d'Extrême-Orient, la mélodie est utilisée pour distinguer un mot d'un autre.

L'intensité de la voix, elle aussi déjà évoquée, peut varier considérablement, du chuchotement (autour de 20 dB) au cri, qui peut atteindre 110 dB.

Le **renforcement** augmente l'intensité et fait ressortir un mot ou une phrase. Ainsi, en anglais, l'accent tonique sur la première ou la seconde syllabe du mot *travel* permet-il de distinguer le substantif du verbe.

Le **rythme** dépend du débit vocal qui règle les espaces entre les sons et les pauses. Trop lent, il est monotone ; trop rapide, le message devient incompréhensible.

Le **timbre** donne sa richesse à la voix, lui confère son identité. Il est la résultante du modelage du son laryngé par les cavités de résonance, qui vont permettre d'éliminer certaines fréquences ou au contraire d'en enrichir d'autres en y ajoutant les **harmoniques**, des multiples de la fréquence fondamentale. Comparons les cordes vocales à une corde de guitare. Si nous divisons cette corde en deux parties égales et que nous faisons vibrer les deux demi-cordes obtenues, un son plus élevé est produit. Si nous divisons la corde en trois ou en quatre, nous obtenons encore un son de hauteur supérieure. Les harmoniques possèdent ainsi des fréquences plus élevées que le fondamental. Leur intensité est par contre plus faible. C'est précisément cette richesse en harmoniques qui fait que l'on reconnaît une voix d'une autre.

La variation dans le temps de la hauteur, de l'intensité, du timbre et du rythme représente la **prosodie,** qui va donner à la voix ses deux fonctions principales d'expression et de communication.

Du son à la voix

Première étape

Nous l'avons vu, la voix est émise à l'expiration grâce à l'énergie de la soufflerie pulmonaire. Au repos, la respiration (inspiration et expiration) est une activité réflexe et passive qui ne nécessite aucun effort physique. À l'inspiration, le diaphragme se contracte automatiquement, s'abaisse d'environ 1,5 cm et entraîne une augmentation du volume des poumons. La pression intrapulmonaire devient inférieure à la pression atmosphérique et crée un appel d'air, qui permet l'inspiration. À l'expiration, le diaphragme se relâche et la pression intrapulmonaire devient supérieure à la pression atmosphérique, provoquant l'expulsion de l'air. Ce cycle respiratoire se reproduit environ quinze à vingt fois par minute chez un adulte et le double chez le nouveau-né. La quantité d'air mobilisée à chaque inspiration ou expiration est d'un demi-litre et porte le nom de « volume courant ». À la fin d'une expiration normale, demeure, dans les poumons, une quantité d'air appelée « capacité résiduelle fonctionnelle ». En cas d'inspiration forcée, le volume d'air maximum qui pénètre à partir d'une inspiration normale se nomme « volume de réserve inspiratoire » et représente 3 litres. Une expiration forcée peut se réaliser à partir d'une expiration normale ; elle porte le nom de « volume de réserve expiratoire » et représente un litre vingt. On nomme « capacité vitale » l'addition de la capacité résiduelle fonctionnelle et des deux volumes de réserve.

Pendant la **phonation** (l'ensemble des phénomènes produisant la voix), le rythme respiratoire se modifie : l'inspiration se raccourcit tandis que l'expiration, qui correspond à la phonation proprement dite, s'allonge considérablement. Les volumes d'air mobilisés sont nettement supérieurs au volume courant.

Cette colonne d'air en mouvement a une dynamique assujettie aux lois de la mécanique des fluides, avec une force, une pression et un débit.

Deuxième étape

Créer un son revient à mettre en vibration la colonne d'air. L'expression « vibration des cordes vocales » associe l'action d'ouverture-fermeture des cordes à l'ondulation de la muqueuse, soulevée par l'air et qui glisse sur le ligament sous-jacent.

Des forces mécaniques sont nécessaires pour que les cordes puissent vibrer. Il faut d'abord que celles-ci viennent au contact l'une de l'autre. Cette action est produite par le rapprochement des aryténoïdes. Ensuite, lors de l'émission vocale (à l'expiration donc), la pression sous-glottique de l'air, en se heurtant aux cordes vocales fermées, va augmenter et contraindre le bord libre des cordes à s'écarter

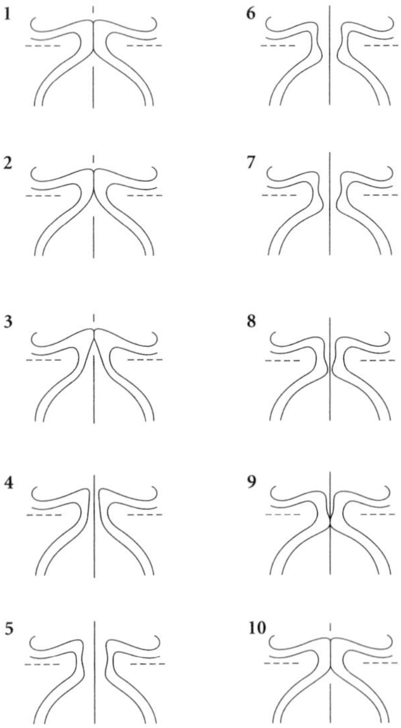

légèrement en laissant passer, à grande vitesse, une très petite quantité d'air, ou **puff**. Cette dernière aussitôt libérée, les cordes vont à nouveau se refermer par rétro-aspiration liée à la diminution de la pression sous-glottique. Ce phénomène, périodique, va transformer l'énergie aérienne en énergie acoustique. Cette série de puffs d'air (ci-contre) qui sortent de la glotte de manière rythmique engendre une vibration acoustique semblable au claquement des mains. Cette **voix primaire,** appelée **voisement**, est un son complexe constitué d'une fréquence fondamentale et de ses harmoniques. Le timbre de la voix est lié à cette impulsion laryngée : plus elle est rapide, plus le son est riche en harmoniques aigus. L'intensité du son est, elle, proportionnelle à l'amplitude vibratoire conjuguée à la pression sous-glottique. Quant à la fréquence, elle est également associée à la pression sous-glottique : une augmentation de cette dernière associée à une contraction du muscle vocal donne un son grave ; son augmentation associée à une augmentation du débit d'air, un son aigu. Les cordes vocales vibrent d'avant en arrière et de bas en haut. En schématisant, plus le son est grave, plus elles s'affrontent en avant ; plus le son est aigu, plus elles s'affrontent en arrière.

Les mécanismes qui règlent les variations de fréquence, d'intensité et de timbre sont intriqués. Le perpétuel ajustement entre ces forces musculaires nécessite une régulation proprioceptive (ou sensibilité profonde) très pointue. Notre système nerveux fournit ainsi en permanence des informations sur la position, les mouvements et le degré de tension des divers éléments de l'appareil phonatoire.

Troisième étape

Cette étape va permettre de filtrer les fréquences ou les harmoniques – renforçant certains, atténuant d'autres –, de donner le timbre de la voix et de produire les voyelles et les consonnes, ainsi que les mots.

La voix primaire, juste sortie des cordes vocales, est incompréhensible, seule l'intonation est perçue. Cette voix à l'état brut va être modifiée en passant dans les différentes cavités de résonance pour s'articuler en parole. La langue, les lèvres et le voile du palais, indispensables à la parole et à l'articulation, permettent de réaliser voyelles, consonnes, syllabes, mots et phrases. Il existe en français trente-six phonèmes : seize sont des voyelles, vingt des consonnes. Aucune langue ne dépasse quarante phonèmes, même le chinois.

Les **voyelles** sont des sons périodiques produits par la vibration des cordes vocales avec un conduit vocal ouvert. Composantes essentielles de la voix chantée, elles possèdent certaines caractéristiques acoustiques et articulatoires.

Si l'on prononce, à hauteur constante, chacune des voyelles (*a*, *e*, *i*, *o*, *u*), on se rend compte que le procédé d'atténuation et de renforcement par les harmoniques donne le timbre propre à chaque voyelle. Les harmoniques renforcés sont en fait des ondes sonores dont la fréquence est rendue plus proéminente. Ces renforcements fréquentiels sont appelés des **formants**. La fréquence de vibration des cordes vocales responsable du fondamental est appelée F0. Le premier formant F1 correspond au pharynx et varie entre 250 Hz et 700 Hz. Le deuxième formant F2 est la cavité buccale et varie entre 700 Hz et 2500 Hz. Le troisième formant F3 est la cavité labio-dentale (il est supérieur à 2500 Hz) Les voyelles se composent acoustiquement de deux formants F1 et F2. Si les deux formants sont proches, la voyelle est dite « compacte » (ainsi du *a* où F1 = 750 Hz et F2 = 1200 Hz). Si les deux formants sont éloignés, la voyelle est dite « diffuse » (ainsi du *i* où F1 = 250 Hz et F2 = 2800 Hz).

L'articulation dépend du degré d'ouverture buccale (ou **aperture**) et de la position du voile du palais qui permet ou non à l'air de passer par le nez. Les voyelles sont dites « orales » (*a*, *e*, *o*) quand le voile est relevé et bloque le passage de l'air et du son vers le nez, et « nasales » (*an*, *en*, *on*, *un*, *in*) lorsque le voile est abaissé et que le son passe à la fois vers le nez et la bouche. La position de la langue et la forme arrondie ou non des lèvres interviennent également dans la formation des voyelles.

Les **consonnes** sont au contraire des sons apériodiques, assimilés à des bruits. Leur classification repose sur la nature du bruit, qui dépend de l'articulation ou du lieu de production. Les fricatives (*f*, *v*, *s*, *z*, *ch*, *j*) sont émises conduit vocal rétréci, ce qui produit un bruit de turbulence. Pour les occlusives (*p*, *t*, *k*, *b*, *d*, *g*), le conduit vocal est d'abord fermé puis ouvert. Les consonnes peuvent être produites avec ou sans vibration des cordes vocales – voisées (*d*, *v*) ou non voisées (*p*, *t*). Leur production dépend également de la position du voile du palais (pour les nasales *m* et *n*) et de la position de la langue et des lèvres. Pour que le message soit intelligible, l'articulation doit être précise. Une des difficultés du chant vient d'ailleurs de l'articulation des consonnes. Cette articulation peut se travailler.

Le chant diphonique, pratiqué en Asie, en Inde, au Tibet et en Afrique du Sud, est caractérisé par l'émission concomitante de deux sons. Le premier, « fondamental » (ou « bourdon »), est tenu à la même hauteur tout le temps d'une expiration pendant que l'autre, « harmonique », varie au gré du chanteur comme le son de la flûte. Ce chant met en valeur le rôle des résonateurs.

Quand la voix se casse

Comment analyser la voix ?

Les examens vont permettre de faire un diagnostic et un bilan – d'évaluer la qualité de la voix parlée et chantée, la gêne du patient et de juger de l'efficacité du traitement. À la fois subjectifs et objectifs, ils dépendent des demandes, du temps et de l'enjeu.

Il faut d'abord essentiellement regarder les cordes vocales. C'est Manuel Garcia, professeur de chant à Londres qui, le premier, eut, en 1835, l'idée d'utiliser un miroir de dentiste pour les examiner. Cette méthode de laryngoscopie indirecte est aujourd'hui supplantée par la fibroscopie. La naso-fibroscopie utilise une fibre optique souple introduite par le nez, qui va descendre dans l'arrière-nez, le pharynx et le larynx. Introduit par la bouche, le laryngoscope rigide, comme le périscope d'un sous-marin, visualise le pharynx et le larynx. Ces deux techniques fibroscopiques permettent l'étude en lumière froide simple ou stroboscopique de la voix parlée ou chantée, et produisent photos et images vidéo. Chaque méthode visuelle a ses avantages et ses inconvénients et dépend beaucoup de l'expérience de l'examinateur. Parfois, seule une laryngoscopie directe sous anesthésie générale permet de visualiser les cordes vocales.

Les techniques de mesure de la production vocale analysent les trois paramètres acoustiques de la voix (l'intensité, la fréquence et le timbre).

L'analyse perceptive, ou psycho-acoustique, est une méthode simple et subjective qui repose sur l'enregistrement de la voix sur un support ; elle requiert une bonne oreille.

Les mesures acoustiques sont, elles, des méthodes objectives :

– l'intensité vocale est mesurée par un sono-

mètre ;
– la fréquence peut être analysée de différentes manières. Rarement par la cinématographie ultrarapide, nouvel examen, surtout par la stroboscopie, qui permet à la fois de voir les cordes et de visualiser leurs vibrations. Si notre rétine n'est capable d'analyser que six images par seconde, la stroboscopie, qui est une lumière flashée périodique, permet de visualiser les vibrations des cordes – qui peuvent dépasser les 1000 Hz par seconde ! Ensuite par l'électrolaryngographie (ou électroglottographie), grâce à un collier d'électrodes placées de part et d'autre du cartilage thyroïde qui mesure les variations de résistance électrique au passage d'un courant de haute fréquence pendant l'émission d'un son ;
– l'analyse du timbre se fait par sonagraphie : le signal vocal est capté par un microphone et cette technique permet d'étudier les harmoniques et les formants.

Il est parfois besoin de vérifier l'audition par des tests auditifs, la fonction respiratoire par spirométrie (le spiromètre est un appareil muni d'un embout dans lequel le patient doit souffler à fond. Il sert à mesurer la capacité pulmonaire) et par des épreuves fonctionnelles, la fonction musculaire laryngée par l'électromyographie (enregistrement de l'activité musculaire électrique par des électrodes). L'anatomie peut quant à elle être confirmée par un scanner ou une IRM.

Les maladies de la voix et leur traitement

Le diagnostic et le traitement sont faits par une équipe réunissant l'oto-rhino-laryngologiste, qui est médecin et chirurgien de la voix, le phoniatre, le pneumologue, le radiologue, l'orthophoniste, qui est le « kinésithérapeute » de la voix, le professeur de chant ou de diction, les thérapeutes de relaxation et de la posture.

Le terme **dysphonie** est le terme général pour désigner toute altération de la voix – l'aphonie en est la perte complète tandis que la dysodie désigne les troubles de la voix chantée.

Plusieurs cas de figure sont possibles.

– La dysphonie dysfonctionnelle : les cordes vocales sont normales mais il existe un mauvais geste vocal associé à un trouble vibratoire. L'origine en est le plus souvent un surmenage vocal, avec une respiration forcée, mal placée (haut du thorax), qui va entraîner une fuite d'air au niveau des cordes vocales et des douleurs laryngées. Il peut s'y associer une mauvaise posture vertébrale. Au fur et à mesure de la journée, la voix devient de plus en plus voilée, forcée et instable. Ce cercle vicieux de fatigue et de forçage vocal explique parfois les complications anatomiques – nodule, œdème ou polype. Ces dysphonies sont souvent aggravées par le tabac, l'alcool, l'asthme ou d'autres pathologies pulmonaires, le reflux gastro-œsophagien, le mouchage postérieur (ou rhume à l'envers) sur une rhinite allergique ou une sinusite, les troubles psychologiques ou psychiatriques. Le traitement repose sur la rééducation et la suppression ou le traitement des facteurs aggravants.

– Les dysphonies pour lesquelles les cordes vocales sont anormales. Il peut s'agir de lésions congénitales (kystes, varices, vergetures…) ou de lésions acquises (coup de fouet laryngé – l'équivalent d'un claquage musculaire –, nodule, polype, œdème, granulome post-intubation, myxome ou « gélatine » – située entre le ligament et la muqueuse, elle confère à certaines femmes une voix « masculine » –, etc.). Ces dysphonies peuvent également survenir du fait de laryngites chroniques. Cette inflammation de la muqueuse est la conséquence de facteurs irritants chroniques : alcool, tabac, mauvaise hygiène bucco-dentaire, vapeurs toxiques… Toute dysphonie qui dure plus de quinze jours est suspecte et doit être explorée. Il faut notamment rechercher toute lésion suspecte précancéreuse ou cancéreuse, et ce d'autant que le patient fume. Rappelons que le pronostic du cancer de la corde vocale est très bon, d'où la nécessité d'un diagnostic précoce et de l'arrêt du tabac. Le traitement de ce type de dysphonie est médical, parfois chirurgical, associant alors microscope, bistouri ou laser. La plupart du temps, une rééducation et le traitement des facteurs aggravants vont de pair avec le traitement médical.

– Les cordes vocales sont normales mais bougent anormalement. Il peut s'agir de paralysie unilatérale ou bilatérale. Les causes sont multiples – virales, neurologiques, tumorales, chirurgicales. Dans tous les cas, la rééducation est fondamentale, éventuellement associée à un geste chirurgical. Si la paralysie est en abduction (cordes trop ouvertes), celui-ci visera à diminuer la fuite d'air par la mise en place d'un implant vocal (comme une baguette dans un col de chemise) ou par une injection de Teflon, de collagène ou de graisse. Quand la paralysie est en adduction (cordes trop fermées), il faut désobstruer grâce au laser ou par une trachéotomie. Il peut parfois s'agir d'une ankylose crico-aryténoïdienne (ou enraidissement des deux articulations) qui simule une

paralysie unilatérale. La dysphonie spasmodique, maladie génétique, se traduit par des mouvements involontaires, spasmodiques, des cordes vocales. Son traitement repose sur l'injection de toxine botulique.
– La dysphonie est aiguë (laryngite aiguë). Elle est la conséquence d'une affection aiguë virale, bactérienne ou allergique, qui nécessite ou non un traitement.

Les traitements médicaux des dysphonies peuvent être curatifs ou préventifs. De nombreuses solutions allopathiques existent – antibiotiques, anti-inflammatoires, corticoïdes, antiallergiques, tonifiants ou décontractants de la musculature laryngée, vitamines... Certains privilégient l'homéopathie. Il faut en tous les cas éviter le hemmage, c'est-à-dire de se râcler la gorge. En cas de rééducation orthophonique, vingt à trente séances d'une demiheure suffisent en général. Il s'agit d'ailleurs plus d'une véritable éducation que d'une rééducation, au cours de laquelle le patient doit prendre conscience de sa voix et de son corps.

Les troubles de la posture pourront également être pris en charge. Le repos vocal peut être ordonné, mais il est discuté en fonction de la cause. Quant à la chirurgie, elle passe par abord externe et plus souvent par endoscopie. Quelques équipes ont déjà commencé à envisager la greffe du larynx.

La prévention repose sur la diminution, voire sur l'arrêt total, du tabac et de l'alcool et sur une bonne hygiène dentaire. En cas d'hyperacidité gastrique (liée au reflux gastro-œsophagien), il est conseillé de diminuer la consommation d'aliments acides (citron, vinaigre, moutarde, tomates), mais pas seulement : les épices, le chocolat, la menthe, la caféine, les boissons gazeuses… ne sont pas recommandés. Il convient également d'éviter la suralimentation. La voix peut être perturbée par la sécheresse de l'air, c'est pourquoi il faut s'hydrater correctement, humidifier son nez par des lavages réguliers au sérum physiologique ou à l'eau de mer et éviter la pollution industrielle ou sonore. À chacun son truc, sa recette pour avoir une belle voix : en se taisant, en vocalisant, en murmurant, en se protégeant avec une écharpe de soie autour du cou, en buvant un verre de vin, une boisson chaude ou glacée, en se gargarisant, en utilisant du miel, du citron, du thym, de l'aconit, de l'écorce d'orange amère…

Pour conclure ce chapitre, une petite parenthèse sur le **trac**. Le trac est une sensation désagréable ou paralysante qui peut entraver notre efficacité vocale. Certains ont la chance de ne jamais le ressentir, d'autres le redoutent. Outre des mains moites et tremblantes, un cœur qui bat la chamade, un poids sur l'estomac, le trac se traduit par des trémolos, des couacs, une voix trop aiguë ou trop grave, inaudible ou fausse. Il peut être combattu par l'homéopathie, la maîtrise de la respiration abdominale (enseignée notamment dans le yoga), des thérapies comportementales, des anxiolytiques, des bêtabloquants.

Voix parlée et voix chantée

La voix parlée

Chuchotée ou projetée, elle a comme caractéristique d'être modulable en fonction des situations ou du métier. Nous n'en donnerons que quelques exemples.

La voix du comédien est parfois spontanément bien posée mais peut nécessiter un apprentissage. Le travail et l'entraînement vont permettre d'acquérir une bonne technique respiratoire, indispensable pour projeter la voix sans effort. L'exigence est ici double car la voix doit non seulement être audible dans l'espace, sans forçage ni tension, mais également transmettre l'émotion et les sentiments.

La voix de l'imitateur est à la fois une illusion visuelle et auditive où une femme peut imiter un homme et vice versa. L'imitateur possède un don de mimétisme et d'observation et il reproduit le comportement vocal du sujet imité sans avoir besoin d'avoir le même fondamental. Il va faire appel à la prosodie, au silence respiratoire, aux tics de langage, à la gestuelle, aux mouvements du corps et du visage du sujet modèle. Et ses cordes vocales sont les mêmes que celles de M. Tout le monde !

Inversement, de la mère de famille nombreuse à la standardiste, du vendeur au professeur de gymnastique, nombreux sont les professionnels de la voix qui s'ignorent… et qui de ce fait la malmènent sans le savoir. Ainsi de l'enseignant dont la voix est plutôt rudement sollicitée : les classes sont souvent surchargées, avec des enfants parfois difficiles, les salles d'une acoustique douteuse… rien ne le prépare à parler dans le bruit. L'effort permanent pour se faire entendre est source de fatigue vocale.

La voix chantée

La voix chantée emprunte à la voix parlée ses éléments de base. Mais il faut d'abord chanter juste et ce n'est pas donné à tout le monde car cela nécessite un bon fonctionnement de l'appareil vocal, certes, mais aussi une bonne mémoire auditive : la technique vocale ne suffit pas à elle seule et doit être travaillée en relation avec le contrôle auditif. L'oreille absolue donne la possibilité de reconnaître et de déterminer la hauteur d'un son sans référence préalable. Ce don existe chez certains chanteurs et semble être une prédisposition familiale.

L'**ambitus**, ou étendue vocale, mesure les notes extrêmes que le sujet peut chanter du grave à l'aigu, sans aucune considération esthétique. La **tessiture** désigne l'ensemble des notes émises avec une réelle qualité musicale. La tessiture moyenne est de deux octaves et trois notes pour un homme et de deux octaves et demie à trois octaves pour une femme. Le but du travail vocal est d'essayer de faire coïncider l'ambitus et la tessiture.

Les différents registres vocaux

Le timbre vocal n'est pas homogène sur toute la tessiture. Le **registre** est l'étendue vocale pour laquelle le timbre reste identique, car produit par le même mécanisme de vibration. Il existe deux registres principaux et deux registres accessoires. Ces registres peuvent être aisément perçus lors de la production de glissandos, glissements continus d'une note à l'autre en montant ou en descendant qui ne nécessitent aucun travail vocal particulier. On distingue des ruptures dans la continuité du son. Ces ruptures, ou passages, correspondent aux notes sur lesquelles s'effectuent les changements de registre.

Le registre 1, caractéristique des sons graves, est appelé « voix de poitrine » et se situe autour de 80-100 Hz pour l'homme et de 300-400 Hz chez la femme. Les cordes vocales ne sont jamais complètement accolées, c'est ce qu'on appelle le « décalage de phase ». Muscle vocal, ligament et muqueuse vibrent de conserve. La voix est riche en harmoniques, avec des cordes vocales épaisses, courtes et peu tendues. Ce mode est utilisé dans la voix parlée, le plus souvent, mais aussi dans le chant classique pour les sons graves, chez les ténors, les basses et une partie des altos. Les sopranos ne s'en servent habituellement pas. Ce mécanisme va jusqu'au *do* 4.

Le passage au registre 2 se fait à partir du *do* 4. Intéressant les sons aigus, il est appelé « voix de tête » et se situe autour de 300 Hz chez l'homme et de 600-700 Hz chez la femme. Il se caractérise par le raidissement des cordes grâce au muscle vocal et au muscle crico-thyroïdien (par la bascule des cartilages cricoïde et thyroïde). Il n'y a plus de décalage de phase, les cordes, fines, étirées, amincies, sont ouvertes ou fermées. Seuls le ligament et la muqueuse vibrent. La voix est pauvre en harmoniques. Ce mode se retrouve dans la voix parlée du théâtre chinois ; il est également utilisé dans le chant classique pour les sons médiums et aigus des hautes-contre, chez les enfants, les sopranos, les altos, parfois les ténors.

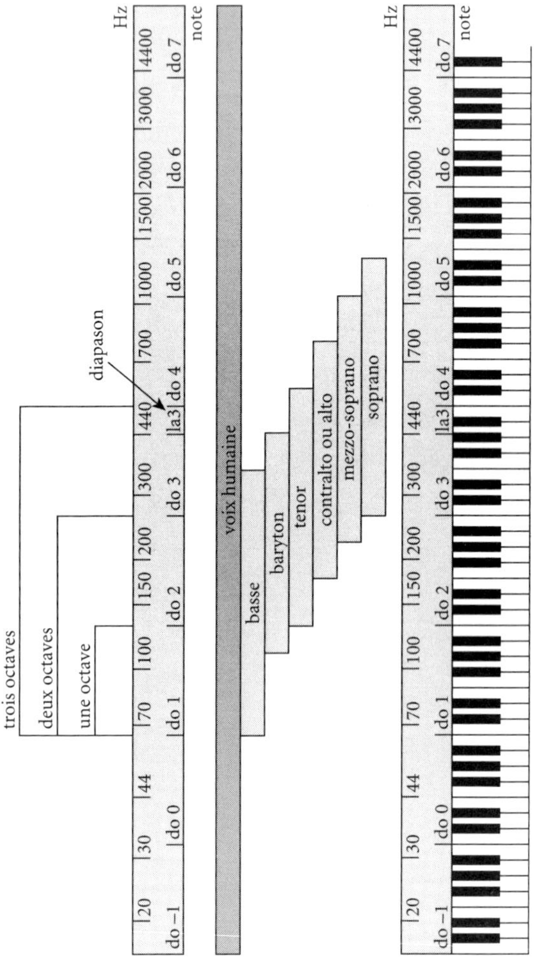
trois octaves
deux octaves
une octave
diapason
Hz
20
30
44
70
100
150
200
300
440
700
1000
1500
2000
3000
4400
note
do –1
do 0
do 1
do 2
do 3
la3
do 4
do 5
do 6
do 7
voix humaine
basse
baryton
tenor
contralto ou alto
mezzo-soprano
soprano

Ces appellations de « voix de poitrine » et de « voix de tête » expriment les sensations de localisation des résonances ressenties par les chanteurs. Les vibrations laryngées sont transmises au squelette. Elles se situent au niveau du thorax pour le grave et le chanteur a l'impression que sa voix lui résonne dans la poitrine. Elles se concentrent dans le crâne pour l'aigu et il a l'illusion de résonance dans la tête. La voix mixte mélange ces deux mécanismes et le chanteur peut utiliser un mode vibratoire ou un autre.

Le registre 0, appelé « voix de friture », est le premier registre accessoire. Il se retrouve quand on parle très très bas. Les cordes sont très épaisses et la pression sous-glottique basse. C'est la voix de fin de phrase ou des chants mongols.

Le registre 3, dénommé « voix de sifflet », est particulier car il n'y a pas de vibration des cordes vocales mais une fuite d'air entre les aryténoïdes qui crée les turbulences à l'origine du son.

La classification des voix

La tessiture moyenne des chanteurs est la suivante :

Femmes (de l'aigu vers le grave)		Longueur des cordes vocales
Soprano	*do* 3 - *do* 5	14-19 mm
Mezzo-soprano	*la* 2 - *la* 4	18-21 mm
Alto ou contralto	*mi* 2 - *sol* 4	18-19 mm

Hommes (de l'aigu vers le grave		Longueur des cordes vocales
Ténor	*do* 2 - *do* 4	18-22 mm
Baryton	*la* 1 - *la* 3	22-24 mm
Basse	*mi* 1 -*fa* 3	24-25 mm

La voix de contre-ténor, ou contralto masculin, est une voix masculine de type baryton qui utilise la technique de la voix de fausset. Le haute-contre (*mi* 2 - *do* 4 - *ré* 4) est, dans la musique baroque française, un ténor à la voix particulièrement élevée. La voix de contralto est la plus grave des voix de femmes.

Une multitude de sous-catégories ont été ajoutées. Leur dénomination tient compte de la tessiture, de l'intensité de la voix, du timbre et de l'emploi sur scène. Pour ne prendre qu'un exemple, la catégorie des sopranos se divise, de l'aigu vers le grave, en soprano léger colorature, soprano léger, soprano lyrique léger, soprano lyrique, soprano grand lyrique, soprano lirico-spinto et soprano dramatique!

La classification des voix permet d'orienter le chanteur vers le type de répertoire qui lui convient. Elle repose à la fois sur la longueur des cordes et sur le volume des résonateurs (contrairement aux idées reçues, le physique n'intervient pas dans la classification, pas plus qu'il n'y a de parallèle entre la voix parlée et la voix chantée). Cette classification n'est cependant qu'une indication qui peut, par la pratique, évoluer dans le temps. Le dernier mot appartient à l'artiste car il faut chanter où l'on se sent le mieux.

De la chorale à l'opéra : techniques et caractéristiques vocales

Le chant mélange tous les styles vocaux et musicaux. Au Moyen Âge, le chant grégorien était prépondérant, d'autres genres musicaux se sont développés au cours des siècles suivants comme le motet, la cantate, l'opéra, la mélodie…

Les chorales sont de plus en plus nombreuses, y participent aussi bien des enfants que des adultes. L'enfant parle et chante en voix de tête avec un timbre léger et sans vibrato (nous reviendrons sur la technique du vibrato), ce qui donne cette impression de fraîcheur et de pureté. Chez les adultes, les choristes sont divisés habituellement en deux pupitres, l'un pour les voix aiguës (sopranos et ténors), l'autre pour les voix graves (altos et basses). La plupart de ces voix spontanées ne possèdent pas de vibrato et sont qualifiées de « voix plates ». La sécrétion d'endorphine (hormone anti-douleur), produite pendant le chant, procure un bonheur qui sert d'exutoire et de plaisir…

et fait oublier les problèmes de technique.

Les chanteurs de variétés, « de showbiz », ont pris conscience de l'utilité de l'apprentissage d'une bonne technique pour éviter nombre de problèmes vocaux. En effet, le don et le micro ne suffisent pas et la répétition des concerts peut finir par fragiliser la voix si la technique ne suit pas. Les *ears monitors*, appareils auditifs assurant le retour dans l'oreille de la musique, permettent de chanter dans le bruit sans risque de traumatisme auditif tout en préservant la voix.

Les chanteurs lyriques peuvent encore moins faire l'économie d'un geste vocal parfait. La dextérité que celui-ci exige résulte d'un travail approfondi sur tous les aspects de la voix chantée.

Celle-ci dépend de la parfaite coordination entre les trois niveaux – souffle pulmonaire, vibrateur laryngé et résonateurs. La coordination entre les deux premiers niveaux permet la régulation de la pression sous-glottique en fonction de l'intensité et de la fréquence du son émis, celle entre le deuxième et le troisième niveau est responsable de la qualité acoustique du son pour son timbre et sa couleur. Pour que cette double coordination soit la plus satisfaisante possible, le professeur de chant va aider son élève à l'aide de métaphores telles que : « Ouvre ton pharynx », « Baisse ton larynx… » Il faut faire abstraction des automatismes de la parole et acquérir de nouvelles coordinations neuro-musculaires complexes sans aucune aide visuelle ou tactile. Le fait d'imaginer l'exécution d'un mouvement s'accompagne d'une activité neuromusculaire subliminale : la répétition mentale du geste vocal laisse une trace cérébrale et musculaire et cette représentation mentale du mouvement à accomplir va finir par le déclencher.

L'émission de l'aigu est un problème auquel tout chanteur se trouve confronté à un moment ou à un autre. Certains ont la chance de le posséder naturellement, d'autres doivent le rechercher et le travailler. Le rôle du professeur de chant est de faire ressentir les deux mécanismes nécessaires à son émission. D'abord, la bascule antérieure du cartilage thyroïde sur le cricoïde, qui va étirer, allonger et amincir les cordes, lesquelles vont donc vibrer plus vite. Ensuite, l'accord des cavités de résonance sur le son laryngé. Chez les chanteurs possédant une voix puissante, le larynx va s'abaisser, le voile du palais se soulever, les lèvres s'allonger (la langue restant plate). Chez les chanteurs à la voix légère, le larynx va s'élever, le dos de la langue se soulever et les lèvres s'étirer horizontalement. Même s'ils ont disparu au début du XXe siècle, les castrats continuent de fasciner. Leur place prépondérante, aux siècles précédents, était due à l'interdiction faite aux femmes de chanter. Chez eux, la mue n'avait pas eu lieu : ils étaient dotés d'un larynx d'enfant avec des poumons d'adulte. De ce fait, ils possédaient une voix puissante, couvrant plus de trois octaves, et une tenue de souffle exceptionnelle.

Sur les analyses acoustiques des grands chanteurs, on trouve une zone renforcée autour des 2800-3000 Hz, que l'on nomme **singing formant**. Elle contribue à l'impression de continuité vocale, donne à la voix chantée sa brillance et lui permet de passer au-dessus de l'orchestre. Le clairon, la trompette et le chant du coq présentent cette même caractéristique de renforcement des harmoniques autour de 3000 Hz et ont tous une grande portée sonore. Pourquoi ? Tout simplement parce que cette zone se situe au-delà de la zone d'intensité maximale des différents bruits de notre environnement et qu'elle correspond dans le même temps aux fréquences où l'acuité auditive est optimale.

Comme le singing formant, le **vibrato** permet à la voix d'émerger aisément de l'orchestre, en lui donnant du relief. Cette technique de vibration, qui donne au chant ses qualités esthétiques et expressives, est rarement naturelle mais plutôt le fruit d'un long apprentissage vocal. L'amplitude vibratoire se situe entre un quart et trois quarts de ton. Au-dessous, le son est mat, désagréable ; au-dessus, la voix bouge. La périodicité est de cinq à sept variations par seconde, régulières et synchrones en fréquence et en intensité. Ces oscillations sont la conséquence de contractions rythmiques des muscles laryngés. Si le rythme est plus lent, la voix chevrote ; s'il est plus rapide, il s'agit d'un trémolo.

Quel que soit le type de voix, les impératifs du chant impliquent une grande dépense d'énergie physique – les grands chanteurs lyriques se doivent d'ailleurs de posséder une résistance physique et nerveuse à toute épreuve, qui va nécessiter un entraînement quotidien et intensif, comme pour les sportifs de haut niveau ! L'intensité sonore doit être régulière, avec une pression sous-glottique constante tout au long de l'expiration (c'est ce qu'on appelle le « soutien »). Pour ce faire, le chanteur doit coordonner l'action des muscles inspirateurs et expirateurs. Ce délicat équilibre est obtenu en maintenant le plus longtemps possible la position inspiratoire de la cage thoracique tout en contractant les muscles abdominaux et en relâchant progressivement la contraction du diaphragme. Tout défaut dans la mécanique respiratoire étant susceptible de perturber la qualité de la voix, la respiration doit être exempte de tensions musculaires susceptibles de perturber le bon fonctionnement des organes phonateurs. C'est pourquoi la respiration à prédominance costale, qui s'accompagne d'une élévation des épaules et d'une contraction des muscles suspenseurs du larynx, est proscrite et la respiration costo-abdominale privilégiée. Celle-ci permet de contrôler avec précision la pression expiratoire et le débit tout en ayant l'avantage d'augmenter la puissance vocale. Pour les sons tenus de forte intensité, le chanteur utilisera les abdominaux, muscles longs ne permettant pas des mouvements rapides mais nécessaires pour développer une forte expiration. Pour les notes piquées, brèves et détachées les unes des autres, les intercostaux, muscles courts permettant des mouvements rapides et précis seront sollicités.

L'art lyrique recherche le délicat équilibre entre l'esthétique du son et l'intelligibilité du texte chanté. Cette faculté d'associer des paroles à la musique fait de la voix humaine le plus complet et le plus émouvant de tous les instruments.

L'ordinateur remplace déjà la voix parlée, mais le résultat est bien plat. Sera-t-il un jour lui aussi capable de maîtriser le vibrato… et de tirer les larmes à des amateurs d'opéra ?

Bibliographie

Guy Cornut, *La Voix*, PUF, coll. « Que sais-je ? », 2005.
Bruno Frachet et Pierre Elbaz, *La Communication : modalités, technologies et symboles*, Arnette, 1991.
Elisabeth Fresnel, *La Voix : prendre soin de sa voix, communication, expression, rééducation*, éditions du Rocher, 1997.
Pour les bibliophiles : François Bennati, *Recherches sur le mécanisme de la voix humaine*, éditions J. B Baillière, 1832.

Table des matières

Achevé d'imprimer
sur les presses de l'imprimerie Darantiere
à Dijon-Quetigny
en septembre 2007

N° éditeur : 0344-01/1
Dépôt légal : octobre 2007
N° d'impression : 27-1378
Imprimé en France